CHEMIN DE FER

DE

VALENCIENNES A MÉZIÈRES

AVEC EMBRANCHEMENT SUR CAMBRAI.

Imprimerie de COSSE et J. DUMAINE, rue Christine, 2.

PROJET

DE

CHEMIN DE FER

DE VALENCIENNES A MÉZIÈRES

AVEC EMBRANCHEMENT SUR CAMBRAI.

Présenté par MM. CHANARD, PHILIPPE et Cie, auteurs du Projet,

Coordonné et rédigé

Par M. F. LEFORT,

INGÉNIEUR DES PONTS ET CHAUSSÉES ET DES EAUX DE PARIS.

———— ◦ ————

PARIS

Librairie de CARILIAN jeune,

QUAI DES GRANDS-AUGUSTINS, 25.

1846.

PROJET

DE CHEMIN DE FER

DE

VALENCIENNES A MÉZIÈRES

AVEC EMBRANCHEMENT SUR CAMBRAI.

EXPOSÉ.

BUT ET UTILITÉ DU CHEMIN DE FER.

L'établissement du chemin de fer du Nord qui, par ses nombreuses ramifications, ouvre des relations faciles entre Paris, les départements qu'il traverse, et la Belgique, l'exécution prochaine du chemin de fer de Strasbourg avec ses embranchements dont un se dirige vers Reims, d'où il tend à se prolonger sur Sedan et Mézières, nous ont donné la pensée de réunir ces deux chemins par une voie de fer qui se rattacherait d'un côté au chemin du Nord, à la station de Valenciennes, et de l'autre au chemin de l'Est à Mézières.

L'étude approfondie de ces contrées populeuses si puissantes par leurs industries diverses, leurs productions territoriales et minéralogiques, nous a fortifiés dans notre résolution de les doter d'une nouvelle voie de transport qui augmentera encore les richesses qu'elles possèdent.

Dans l'exposé qui suit, nous allons essayer de démontrer qu'il y a utilité publique dans l'exécution du chemin dont nous avons soumis le projet au gouvernement.

Le chemin de fer de Valenciennes à Mézières, avec embran- Avantages généraux.

chement sur Cambrai, est dans des conditions d'avenir et de prospérité peu communes : il relie intimement les départements du Nord, de l'Aisne et des Ardennes; il donne à l'écoulement et à l'échange de leurs produits une plus grande activité. Il permet de conduire jusque dans le groupe des forges des Ardennes, les houilles du bassin de Valenciennes; il facilite le transport des minerais du Nord et des Ardennes aux établissements de Denain et d'Anzin.

C'est donc rendre service à ces contrées que de leur offrir une voie rapide et économique qui permette de faire arriver aux meilleures conditions possibles, les matières nécessaires à l'alimentation des usines métallurgiques et des manufactures de tout genre répandues sur toute la ligne.

Houilles françaises. Ainsi, les houilles du bassin de Valenciennes pourront être portées sur Cambrai, dans la vallée de la Selle, où se rencontrent de nombreux établissements; sur le Cateau, ville manufacturière, sur Étreux, au point de partage du canal de la Sambre et de l'Oise, d'où elles pourront être dirigées par les canaux, soit vers le Nord, soit vers le centre de la France, et pénétrer jusqu'à Paris.

D'Etreux, le chemin se dirigeant vers la vallée de l'Oise, portera du charbon de terre aux nombreuses usines établies aux environs d'Hirson. De là, le chemin se maintenant toujours dans la vallée, pourra conduire sur les marchés de Mézières et de Charleville, des charbons français susceptibles d'être livrés au commerce, à des conditions meilleures que celles des charbons belges remontant par la Meuse. (*Voir* le tableau, nº 1.)

Minerais français. Les minerais de fer dont les gisements se trouvent à proximité de la ligne du chemin de fer, pourront y être facilement conduits; et par cette voie être amenés aux différentes fabriques de fer répandues sur son parcours jusqu'à Valenciennes. Ainsi, le commerce français se trouvera affranchi de la contribution énorme qu'il paie à la Belgique, pour les fontes de fer qu'il est obligé d'en faire venir; il est constant, en effet, que dans la quantité énorme de fonte et de minerai employés dans les établissements métallurgiques de l'arrondissement de

Valenciennes, les minerais français entrent à peine pour un quart; pour la majeure partie, nous sommes tributaires de la Belgique. N'est-il pas temps enfin que nous nous occupions d'utiliser nos richesses territoriales, surtout quand il s'agit de matières premières qui n'ont de valeur que dans les frais de main-d'œuvre employée à leur extraction? Car, indépendamment de nos capitaux qui vont enrichir nos voisins, nous perdons l'occasion de fournir des éléments de travail aux classes laborieuses et indigentes.

Ce n'est pas seulement la houille et le minerai qui constituent la fortune des trois départements desservis par notre chemin. Le Nord possède de nombreuses fabriques de sucre indigène, des filatures de laine et de coton, des fabriques de tulles, de dentelles, de toiles, de batiste, de mérinos et de châles; il s'y fait un immense commerce de graines grasses, d'huiles et de spiritueux. Il y existe des fonderies de canons, des manufactures d'armes, et une foule d'industries qu'il serait trop long d'énumérer. *Produits du département du Nord.*

Tous ces produits, destinés pour les départements limitrophes, devront être transportés en grande partie sur la voie que nous proposons d'établir.

Le département de l'Aisne se distingue par son industrie manufacturière et commerciale. La fabrique de Saint-Quentin en tissus de coton, en batiste, en linge de table; la manufacture des glaces de Saint-Gobain, la verrerie de Folembray, les manufactures de produits chimiques, les blanchisseries, les huilleries, les sucreries, les usines de fer, les fabriques de tôle, les briquetteries, les tuileries, les moulins à farine fourniront des éléments de transports. *Produits du département de l'Aisne.*

On trouve dans ce département des cendres pyriteuses et alumineuses dont l'emploi, soit à la fabricatin des produits chimiques, soit à l'engraissement des terres, sera une cause de transports considérables. *Cendres pyriteuses.*

Jusqu'à ce jour, la consommation de cet engrais a été limitée à un faible rayon, par suite des frais énormes qui grèvent cette matière, aussitôt qu'on veut la conduire au loin; mais que l'on donne à son écoulement une voie facile et économique, elle se répandra sur tout le parcours du chemin, et ira féconder des terres dont elle doublera bientôt la valeur. — Pour apprécier l'importance de ce produit, il nous suffit de dire qu'il existe aux environs de La Fère plus de 200,000 arpents métriques de terres pyriteuses et alumineuses (*voir* le tableau n° 2).

Vanneries.

La vannerie et le commerce des osiers qui, dans l'arrondissement de Vervins, occupent plus de 30,000 ouvriers et expédient dans toute la France et à l'étranger leurs immenses produits, fourniront encore des éléments de recette.

On rencontre aussi dans ce département des verreries, des papeteries, des fabriques de peignage et de tissage de laine, ainsi que des filatures de coton, qui livreront leurs produits au chemin de fer, après en avoir reçu les matières premières.

Produits du département des Ardennes.

Les Ardennes, outre les manufactures de draps et de tissus de laine, cachemires, mérinos et autres de Sedan et de Réthel, renferment un grand nombre d'établissements métallurgiques, qui fabriquent une foule d'objets consacrés à différents genres d'industrie, tels que petite et grosse quincaillerie, poterie de fer, tôles noires et blanches, fers de faux et de charrues, ustensiles de ménage, fil de fer et de laiton, tuyaux en fonte; ces articles, expédiés dans toutes les directions, seront encore une source de produits pour le chemin.

Ardoisières.

Les ardoisières de Rimogne et du Châtelet, près desquelles passe le chemin, nous promettent encore des transports avantageux. Ces ardoisières touchent à un gîte des plus riches; il se fabrique, dans les ardoisières du plateau de Rocroy, près de 800,000 ardoises par jour.

Il est constant que les carrières d'ardoises, que nous desservirions en quelque sorte à pied-d'œuvre, ne sont pas descendues à la profondeur qu'elles doivent atteindre, et les inclinaisons des bancs, calculées dans toutes les usines de ce haut gisement, démontrent qu'en attaquant les couches inférieures on obtiendra des produits plus riches et de meilleure qualité. On ne peut donc mettre en doute que l'intérêt des propriétaires des usines existantes ne les porte à faire de grands efforts pour étendre leurs productions, et n'amène l'établissement d'ardoisières nouvelles aux abords de la ligne.

Pour les ardoisières des plateaux de Rocroy et de Fumay, qui se trouvent un peu éloignées du chemin, il leur sera facile d'y faire accéder leurs produits; la disposition des lieux et la pente du terrain vers la vallée que nous parcourons, leur permettront d'y établir des dépôts à peu de frais.

En présentant, à l'écoulement des ardoises, dont l'emploi est en quelque sorte ordonné dans les nouvelles constructions, un moyen de transport qui les fasse pénétrer dans les départemens voisins, et même arriver au centre de la France et à Paris, il est permis de penser que cette matière sera une source considérable de produits pour le chemin de fer (*voir* le tableau n° 3).

Dans les trois départemens traversés par la voie de fer, se trouvent les magnifiques forêts de l'Arouoise, du Nouvion, de Régnaval, de Saint-Michel, de Signy-le-Petit, des Potées et autres. Les ventes publiques des bois sur pied de ces forêts, s'élèvent chaque année à plusieurs millions de francs. Nous y rencontrons également les marbres de Trélon, Glageon, Effry, et bon nombre de carrières non exploitées; ces marbres bruts et sciés pourront être transportés à Paris et dans les grandes villes du Nord et du Nord-Est.

Les pierres de taille bleues, grises, jaunes, très abondantes dans tout le parcours du chemin de fer, seront inévitablement l'objet d'un grand commerce.

Les briques et les carreaux de la Vacqueresse, et les poteries des environs jouissent d'une très grande réputation et s'exportent au loin. Tout fait présumer que les produits que nous venons d'énoncer, et qui, jusqu'à ce jour, ne se sont transportés qu'à grands frais, acquerront une importance considérable aussitôt après l'établissement du Railway.

Nous ne parlerons que pour mémoire des transports accessoires, tels que les articles de messageries, excédants sur les bagages des voyageurs, transport d'argent et de certaines marchandises à grande vitesse, transport des malles-postes et des voitures particulières, des chevaux et des bestiaux. Cependant, sur tous les chemins existants, ces transports accessoires ont donné des résultats avantageux sur lesquels nous devons compter. Si nous ajoutons à ces élémens de transport le mouvement des marchandises, résultant du transit dont nous allons parler, il est constant que le produit présumé des marchandises diverses n'a rien d'exagéré. (Tableau n° 4.)

Après avoir parlé des avantages commerciaux qui se rattachent au mouvement des marchandises sur notre chemin, nous devons également faire ressortir les profits que nous fait espérer le transport des voyageurs.

Il n'est pas de direction où le mouvement des voyageurs n'ait été au moins triplé par l'ouverture d'un chemin de fer. En Belgique, ce mouvement a quintuplé.

Voyageurs.

Sur la ligne de Valenciennes à Mézières, nous avons seulement doublé le chiffre des voyageurs actuels, mais nous sommes persuadés que nos prévisions seront sensiblement dépassées.

En effet, les voyageurs des départements du Nord, du Pas-de-Calais, de la Somme, ceux venant de l'Angleterre, et qui se rendent en Lorraine, en Alsace, en Suisse, dans les provinces Rhénanes, et réciproquement, ont préféré, jusqu'à présent, passer par Paris ou par la Belgique, et allonger ainsi leur parcours d'une cinquantaine de lieues, plutôt que de s'embarquer dans des voitures peu commodes et d'une vitesse de deux lieues à l'heure, comme celles qui existent aujourd'hui; mais l'établissement de la voie de fer changera inévitablement cet état de choses, et il est permis de supposer que le mouvement de la circulation augmentera d'une manière considérable dans des contrées privées, jusqu'à ce jour, de communications faciles.

Les chemins de fer, d'ailleurs, par leur nature, saisissent généralement une circulation qui échappe en grande partie aux messageries. Nous voulons parler des grands mouvements de la population aux époques des fêtes, et lors des foires et marchés. Le bas prix des trains de wagons attirera toujours, dans ces occasions, un nombre presque illimité de voyageurs. Nous avons donc cru pouvoir, sans craindre l'exagération, porter le nombre des voyageurs à 596 par jour, en doublant seulement, comme nous l'avons indiqué plus haut, le chiffre de la circulation actuelle. (*Voir* le tableau n° 5.)

L'existence d'un chemin de fer au milieu d'une population nombreuse, essentiellement industrielle, en communication incessante et journalière, doit amener un changement dans les habitudes et dans les rapports entre les ouvriers et les fabricants. En effet, les industries de tous genres qui existent sur la ligne occupent au moins 50,000 ouvriers qui, travaillant pour la plupart chez eux, sont dans la nécessité de se déplacer et d'aller à d'assez grandes distances chercher les matières premières, et de reporter aux fabriques les produits de leur travail. On doit supposer que par esprit d'économie bien entendue, bon nombre de ces ouvriers se serviront de la voie de fer qui leur fera gagner le temps qu'ils perdent dans des voyages fatigants où ils sont exposés à l'intempérie de la saison. (Dans notre tableau des voyageurs, nous avons fait figurer pour un cinquième le nombre de ces travailleurs qui prendront la voie de fer une fois seulement par semaine, sur un parcours de huit kilomètres en moyenne, aller et retour.)

Nous venons de parler des richesses et des produits spéciaux, en quelque sorte, aux trois départements sur lesquels notre chemin est assis. Ils sont de nature à alimenter un chemin uniquement construit dans le but de les desservir; mais les chemins de fer déjà établis, et ceux en cours d'exécution viennent encore ajouter à la prospérité de notre ligne en lui donnant de nouveaux produits.

Les chemins de fer du Nord et de la Belgique, que nous rencontrons à Valenciennes, nous donneront des voyageurs et des marchandises en destination pour les contrées que nous traversons. Notre chemin sera en quelque sorte le complément des chemins qui y aboutissent ; en un mot, notre ligne facilitera le transit des marchandises débarquant dans les ports du littoral de la Manche, depuis l'embouchure de la Somme jusqu'à Dunkerque, pour les conduire sur les départements de l'Aisne et des Ardennes, une partie des départements de la Marne, de la Meuse, de la Moselle, des Haut et Bas-Rhin.

Entre Mézières et Charleville, nous rencontrons un chemin de fer qui, se portant vers Sedan, Réthel et Reims, nous mettra en communication avec le chemin de Strasbourg, et complétera cette grande ligne de transit entre le nord et le nord-est de la France.

Il suffit de jeter les yeux sur la position topographique de ces contrées, d'étudier la direction suivie par les chemins de Lille et de Strasbourg, et par leurs embranchements, pour reconnaître que notre projet remplit une lacune fàcheuse pour le commerce, et que nous faisons disparaître une solution de continuité dans les rapports entre Valenciennes, Charleville, Mézières et les contrées avoisinantes.

Transit.

Indépendamment des avantages qui devront résulter pour le commerce de cette économie de distance et de la facilité dans le transport des voyageurs et des marchandises, nous sommes convaincus que l'exécution du chemin que nous proposons aura pour résultat de maintenir dans une voie naturelle et directe le transit des marchandises arrivant dans les ports de la Manche ; quand ces marchandises sont destinées pour l'Alsace, la Suisse, les provinces Rhénanes, l'Allemagne et une partie de la Prusse; transit qu'il est du plus haut intérêt pour la France de conserver sur son territoire et de ne pas laisser se diriger par la Belgique; car le transit entretient le mouvement de nos ports de mer, et nous donne des produits qu'il serait fàcheux de voir nous échapper.

Produit des canaux.

Si les chemins de fer dont nous venons de parler nous procurent des avantages considérables en déversant sur notre ligne une partie de leurs voyageurs et de leurs marchandises, nous devons compter aussi sur une augmentation de produits qui nous viendra des canaux que nous rencontrons sur notre parcours. De même que nous donnerons en charge des marchandises pour les lieux traversés par ces canaux, nous recevrons d'eux en retour des produits à transporter dans les directions que nous suivrons; ces éléments de bénéfices nous proviendront de plusieures sources, car notre chemin unit trois rivières et des canaux importants. A Valenciennes nous trouvons l'Escaut et tous les canaux du Nord qui s'y rattachent ; à Etreux, nous rencontrons la Sambre et l'Oise canalisées ; de là nos produits échangés se déverseront vers la Belgique et le centre de la France. A Mézières et Charleville, nous trouvons la Meuse en communication avec le canal des Ardennes qui nous donne ses produits et reçoit les nôtres; au nombre des produits de la Meuse nous devons faire figurer le transport des houilles belges destinées à alimenter les usines les plus rapprochées de ces villes et qui se trouvent dans la direction de notre chemin ; car malgré ce que nous avons dit plus haut de l'introduction des houilles du bassin de Valenciennes, dans le groupe des forges des Ardennes, les habitudes contractées, les marchés passés, peuvent être des causes qui retardent l'emploi si désirable des houilles françaises.

Jusqu'à ce moment nous n'avons considéré notre projet que sous le point de vue de l'utilité publique et générale, et sous le rapport des avantages particuliers qui devront surgir pour les pays qu'il traverse et les départements limitrophes. Il est cependant un aspect sur lequel il convient de l'envisager encore, nous voulons parler de son importance pour la protection du territoire. La direction de notre ligne entre les places fortes de la première et de la deuxième zone de défense lui permet de relier toutes ces places et de pourvoir à leur approvisionnement. Aux deux extrémités de notre ligne les chemins de fer établis feront le complément de ce rail-way de défense qui permettrait, en cas d'attaque, de porter avec rapidité, sur tous les points menacés, des troupes et le matériel nécessaire à une défense énergique.

Avantages stratégiques.

En résumé, les avantages qui résulteront de l'établissement d'un chemin de fer de Valenciennes à Mézières avec embranchement sur Cambrai, sont :

De relier dès à présent le chemin de fer du Nord à celui de l'Est, et par conséquent d'établir une communication directe et rapide, entre le littoral de la Manche, le Nord et les départements de l'Est; d'ouvrir ainsi un immense débouché aux produits de ces départements, et de leur fournir à meilleur marché et en plus grande abondance tous les objets nécessaires à leur consommation;

D'établir une ligne de transit prompte et économique entre la mer, la Prusse Rhénane, l'Allemagne et la Suisse ;

De tirer des mines françaises la quantité considérable de

houilles que tout le nord-est de la France est obligé aujour-
d'hui d'acheter à la Belgique ;

De faciliter le transport des produits ardoisiers sur Paris
et les départements du nord et du nord-est;

De donner aux cultivateurs un engrais indispensable pour
l'amélioration des terres;

D'alimenter les nombreux fourneaux des matières premières
telles que minerais, houilles, coke et charbon de bois ;

De procurer un débouché prompt et économique aux nombreuses forêts traversées par le chemin de fer;

De mettre en communication les places fortes de cette partie de la frontière, c'est-à-dire Valenciennes, Cambrai, Le-
quesnoy, Landrecis, Avesnes, Maubeuge, Guise, Rocroy et
Mézières, et assurer ainsi leur prompt approvisionnement en
hommes et munitions;

Enfin, de donner à toutes les relations, cet élan qui a par-
tout suivi l'établissement des chemins de fer et dont les résultats définitifs sont encore presque incalculables.

Nous espérons que chacun appréciera ces avantages, et que
l'utilité publique de notre tracé, paraîtra à tous suffisamment démontrée, tant sous le point de vue commercial que
sous le rapport stratégique.

Nous ne craignons pas de nous appuyer sur le vif intérêt
que nous ont témoigné tous les habitants des pays que notre
ligne devrait traverser ; agriculteurs, manufacturiers, propriétaires, tous comprennent l'importance de ce chemin de fer,
pour leur commerce et leur industrie, et ils en appellent de
tous leurs vœux la prompte exécution.

Paris, le 19 juin 1846.

A. C. et B. P.

CHEMIN DE FER

DE VALENCIENNES A MÉZIÈRES

AVEC EMBRANCHEMENT SUR CAMBRAI.

DEVIS DESCRIPTIF ET DÉTAIL ESTIMATIF.

LIGNE PRINCIPALE.

SECTION PREMIÈRE, COMPRISE DANS LE DÉPARTEMENT DU NORD.

CHAPITRE PREMIER.

DESCRIPTION DU TRACÉ EN PLAN.

Le chemin de fer part de Valenciennes près de la porte de Paris ; il traverse deux bras de l'Escaut, passe au pied du côteau derrière Trith, franchit de nouveau le canal de l'Escaut entre Haulchain et Rouvignies, et reste ensuite à peu de distance de ce canal jusqu'à Douchy.

C'est à ce point que l'embranchement de Cambrai, qui se maintient dans la vallée de l'Escaut, se sépare de la ligne principale.

A Douchy, la ligne principale se retourne presque à angle droit pour pénétrer dans la vallée de la Selle où elle reste jusqu'à l'extrémité de la commune de Saint-Souplet, c'est-à-dire dans toute l'étendue du département du Nord; elle touche aux villages de Novelles, Haspres, Saulzoir, Montrécourt, Haussy, Saint-Pithon, s'écarte un peu de Solesmes, se rapproche ensuite de Briastre, de Neuvilly, et se tient enfin aussi près du Cateau que le comporte la configuration du sol.

Le chemin de fer qui s'est trouvé presque constamment jusque-là sur la rive gauche de la Selle, traverse cette rivière, et reste sur la rive droite et dans la vallée jusqu'à la limite des communes de Saint-Souplet et de Saint-Martin-Rivière.

Le tableau ci-dessous donne exactement la longueur des alignements droits et courbes, fait connaître les angles des alignements successifs,

et le rayon des courbes de raccommodement dont le minimum est
1,000 mètres.

Afin de n'avoir pas à introduire dans les calculs d'angles supérieurs à
180°, on a compté positivement les angles à droite de la ligne de départ
et négativement les angles situés à gauche de la même ligne.

Pour éviter la confusion on n'a généralement inscrit sur les plans que
les angles compris entre les rayons extrêmes, angles qui sont les suppléments des premiers.

NUMÉROS des alignements.	PARTIES DROITES			NUMÉROS des courbes.	PARTIES COURBES			INDICATION DES LIEUX PRINCIPAUX.
	LONGUEURS.	ANGLES des alignements successifs.			LONGUEURS.		RAYONS.	
1	562ᵐ »	»	»	»	»		»	Valenciennes.
»	»	159°	»	1	549	»	1500	»
2	2706 »	»	»	»	»		»	
»	»	146°	»	2	2198	»	2000	Trith.
3	422 »	»	»	»	»		»	
»	»	»	159°	3	733	»	2000	Prouvy.
4	1912 »	»	»	»	»		»	Haulchain.
»	»	»	154°	4	907	»	2000	Denain.
5	1300 »	»	»	»	»		»	
»	»	»	85°35'	5	1647	»	1000	Douchy.
6	190 »	»	»	»	»		»	
»	»	169°	»	6	287	33	1500	
7	2835 »	»	»	»	»		»	Noyelles.
»	»	159°40'	»	7	709	29	2000	
8	370 »	»	»	»	»		»	Haspres.
»	»	»	146°28'	8	584	39	1000	
9	1490 »	»	»	»	»		»	
»	»	»	171°	9	314	»	2000	Limite des arroudissements de Valenciennes et Cambrai.
10	1440 »	»	»	»	»		»	
»	»	177°10'	»	10	98	74	2000	Saulzoir.
11	2030 »	»	»	»	»		»	Montrécourt.
»	»	147°20'	»	11	1139	'47	2000	Haussy.
12	6280 »	»	»	»	»		»	Saint-Pithon et Solesmes.
»	»	»	166°	12	488	»	2000	Briastre.
13	1600 »	»	»	»	»		»	
»	»	»	152°	13	732	67	1500	Neuvilly.
14	2950 »	»	»	»	»		»	
»	»	123°	»	14	1463	72	1500	Montay.
15	2770 »	»	»	»	»		»	
»	»	»	161°42'	15	628	»	2000	
16	2820 »	»	»	»	»		»	Saint-Souplet.
»	»	»	150°	16	488	»	1500	Limite des départements du Nord et de l'Aisne.
	30247 »				12968	37		

Longueur totale.——43215 38, dans le département du Nord.

CHAPITRE II.

DESCRIPTION DU TRACÉ EN ÉLÉVATION.

Le chemin de fer, quoique ne devant recevoir provisoirement qu'une voie dans toute son étendue, à l'exception de la partie comprise entre Valenciennes et Douchy, est projeté à la largeur de deux voies quant aux terrassements et aux ouvrages d'art, conformément au profil arrêté par l'administration pour les grandes lignes du royaume.

Le chemin de fer part de Valenciennes à la cote 33^m au-dessus du niveau de la mer, et à la limite des départements du Nord et de l'Aisne, il se trouve à la cote 136^{m}075.

Il n'existe dans toute cette étendue aucune contre-pente, et les rampes n'ont pas d'inclinaison supérieure à 0,005 par mètre.

La cote au départ a été déterminée par la nécessité de franchir par des ponts les deux bras du canal de l'Escaut, à peu de distance de la ville de Valenciennes.

Le chemin de fer, restant jusqu'à Douchy, dans la vallée de l'Escaut, qui est à pente fort douce, l'inclinaison n'excède pas dans cette partie 0,002 par mètre. C'est aussi l'inclinaison maxima de l'embranchement de Cambrai.

Mais une fois qu'on est parvenu dans la vallée de la Selle, les conditions changent : il faut forcément épouser la pente moyenne de cette vallée et se mettre en position de franchir le vaste contrefort qui la sépare de la vallée de l'Oise ; cette considération a déterminé la plus petite inclinaison admissible pour notre rampe maxima, et une fois qu'elle a été fixée, nous en avons fait usage, autant que besoin a été, pour réduire le cube des terres à remuer.

Le tableau ci-dessous présente la description détaillée du profil en long.

TABLEAU
2

PROFIL EN LONG.

N^{os} D'OR-DRE.	PALIERS.		N^{os} D'OR-DRE.	RAMPES.		INDICATION des lieux principaux.
	Lon-gueurs.	Cotes.		Lon-gueurs.	Inclinai-son par mètre.	
1	5000 »	33 »				Trilh. Rouvignies.
			1	2000 »	0 002	Noyelles.
2	8000 »	37 »				
			2	8000 »	0 003	Haussy.
3	»	61 »				
			3	4000 »	0 005	Solesmes.
4	4000 »	81 »				Briastre.
			4	2000 »	0 005	Neuvilly.
5	»	91 »				
			5	2000 »	0 002	Le Cateau.
6	»	95 » 136 075	6	8215 38	0 005	Limite des départements du Nord et de l'Aisne.
	17000 »			26215 38		

Longueur totale   43,215^m 38   dans le département du Nord.

CHAPITRE III.

INDICATION DES OUVRAGES D'ART.

———

Latéralement à la gare de Valenciennes sur la rive gauche du chemin de fer, prolongement d'une rue en remplacement de deux autres supprimées.

Pont de 5^m d'ouverture sur le chemin du Joli-Nez, avec un batival au chemin de fer pour l'unir à l'Escaut.

Pont biais de deux arches de chacune 15^m d'ouverture sur l'Escaut.

Pont biais d'une seule arche de 20^m d'ouverture sur le nouveau canal de l'Escaut.

Pont de 5^m d'ouverture sur le chemin de la Chasse-du-Postillon.

Pont de 5^m d'ouverture sur le chemin de Trith à Saint-Léger.

Passage de niveau entre les chemins des Charbonniers et des Corvées.

Pont de 5^m de largeur entre parapets pour le passage du chemin de fer sous le chemin de Valenciennes à Prouvy.

Pont biais de 20^m d'ouverture sur le canal de l'Escaut à Haulchain.

Passage de niveau sur la route royale de Valenciennes à Cambrai.

1 passage de niveau pour le chemin de Denain à Thiant et à Haspres.

Pont de 5^m d'ouverture sur le chemin de Denain à Douchy.

Pont de 6^m d'ouverture pour la traversée de la Selle et raccordement de la rivière.

1 passage de niveau sur la route royale de Valenciennes à Mézières.

Pont de 6^m sur la Selles, près de Noyelles, et redressement de la rivière.

Pont de 5^m d'ouverture sur les chemins de Noyelles.

Pont de 6^m sur la Selle et redressement.

2 passages de niveau aux abords de Haspres et redressement de trois chemins.

2 passages de niveau aux abords de Saulzoir, et redressement de trois chemins.

1 passage de niveau à Montrécourt, et chemin latéral.

Redressement du chemin de Montrécourt à Haussy.

Pont de 5^m d'ouverture pour le chemin de Valenciennes à Haussy.

Pont de 5^m d'ouverture pour le chemin de Saint-Aubert à Saint-Python.

1 passage de niveau pour les chemins de Cambrai à Saint-Python et Solesmes.

1 passage de niveau pour le chemin de Fontaine à Solesmes.

2 passages de niveau aux abords de Briastre, et redressement de chemins.

3 passages de niveau aux abords de Neuvilly avec raccordement de chemins.

4 ponts de 3^m d'ouverture sur les ravins du Hantour, de Rieux, Ranbourlieux et Marinos.

2 passages de niveau aux abords de Montay.

Pont de 7^m d'ouverture entre parapets pour le passage du chemin de fer sous la chaussée de Cambrai au Cateau.

1 pont de 5^m d'ouverture pour le chemin du Cateau à Honnechies.

1 pont de 6^m sur la Selle.

2 ponts de 5^m d'ouverture pour les chemins qui aboutissent à Saint-Bénin.

2 ponts de 5^m et un redressement aux abords de Saint-Souplet.

15 aqueducs de 1^m d'ouverture.

RÉCAPITULATION.

1° *Pont sous le chemin de fer.*

2 ponts biais de 20^m d'ouverture.

1 pont biais, 2 arches de 15^m.

4 ponts de 6^m sur la Selle avec raccordements de rivière.

12 ponts de 5^m.

4 ponts de 3^m.

15 aqueducs de 1^m.

2° *Ponts sur le chemin de fer.*

1 pont de 7^m de largeur, entre parapets.

1 pont de 5^m.

3° *Passages de niveau.*

17 passages à niveau avec redressement de chemins.

CHAPITRE IV.

La station de Valenciennes, qui est la plus importante du chemin de fer, est située, près de la porte de Paris, dans un espace à peu près triangulaire formé par deux bras de l'Escaut et par les fossés de la place. La position est telle qu'elle ne peut, en aucune occasion, être cause de souci pour la défense.

Le terrain dont on peut facilement disposer en cet endroit est suffisant pour l'établissement des gares de voyageurs et de marchandises, des ateliers de réparations et des remises de voitures.

Le chemin de fer sera mis en relation avec l'Escaut, par une portion de canal qui accédera à la gare des marchandises.

Les débouchés et les moyens d'accès sont assurés de tous côtés par les voies déjà existantes.

Il y aura à Douchy une station de deuxième classe, au point de jonction de l'embranchement de Cambrai avec la ligne principale; c'est à ce point que se fera le chargement des charbons de Denain et de Douchy. Les charbons d'Anzin iraient à la gare de Valenciennes.

Une station de troisième classe, qui servira de gare d'évitement, sera établie à Solesmes.

Il y aura au Cateau une station de deuxième classe, près du chemin de cette ville à Reumont. Elle contiendra une remise pour les voitures, un lieu de dépôt pour les marchandises, et des réservoirs d'eau et de coke.

CHAPITRE V.

ESTIMATION SOMMAIRE.

1° ACQUISITIONS DE TERRAINS.

Emplacement de la gare des voyageurs, de la gare des marchandises, des remises et ateliers à Valenciennes, en outre de la surface de deux voies ordinaires.

	fr.
4 hectares à 12,000 fr.	48,000
Bâtiments à démolir.	32,000

Assiette du chemin de fer entre Valenciennes et Douchy.

24 hectares à 6,000 francs, prix moyen.	144,000

Supplément pour la gare de Douchy.

2 hectares à 6,000 francs.	12,000

Assiette du chemin de fer dans le reste du département du Nord.

59 hectares 5 ares à 5,000 francs prix moyen.	297,500

Supplément pour les gares de Solesmes et du Cateau.

2 hectares à 6,000 francs.	12,000

Supplément pour l'emplacement des haies de clôture.

13 hectares à 5,000 francs.	65,000
Indemnité pour démolition de propriétés bâties. . . .	150,000
A valoir pour frais d'expropriation, purges, etc. . . .	39,500
Total pour les acquisitions de terrains.	800,000

2° TERRASSEMENTS.

	fr.
Déblais entre Trith et Prouvy pour le remblai de la gare de Valenciennes et du chemin de fer jusqu'à Haulchain, 518,600 mètres cubes à 2 francs 30 centimes.. . . .	1,192,780
Pour le remblai du chemin aux abords de Douchy, et pour la gare de Douchy, 50,000 mètres cubes à 1 franc 30 centimes.	65,000
800,000 mètres cubes de déblai à porter en remblai pour	
A reporter.	1,257,780

23

fr.

Report. . . .	1,257,780
le reste du chemin de fer dans le département du Nord, à 1 franc 50 centimes.	1,200,000
580,000 mètres cubes de déblai à porter en cavalier, à 1 fr.	580,000
A valoir.	362,220
Total pour les terrassements.	3,400,000

3° OUVRAGES D'ART.

Ponts sous le chemin de fer.

2 ponts biais de 20 mètres d'ouverture, à 60,000 fr. l'un. .	120,000
1 pont biais à 2 arches de 15 mètres d'ouverture. . . .	80,000
4 ponts de 6 mètres à 15,000 francs.	60,000
12 ponts de 5 mètres à 12,000 francs.	144,000
4 ponceaux de 3 mètres à 6,000 francs. . . , . .	24,000
15 acqueducs de 1 mètre à 3,000 francs.	45,000

Ponts sur le chemin de fer.

1 pont de 7 mètres entre parapets.	25,000
1 pont de 5 mètres id.	18,000

Passages de niveau.

17 passages de niveau à 2,000 fr., compris redressement et dérivations de chemins.	34,000
A valoir.	50,000
Total pour les ouvrages d'art.	600,000

4° CONSTRUCTIONS POUR LES STATIONS, GARES DE VOYAGEURS ET DE MARCHANDISES, DÉPÔTS DE MACHINES, REMISES DE VOITURES, ATELIERS DE RÉPARATIONS, MAISONS DE GARDIENS, ETC.

43 kilomètres 2 hectomètres à 15,000 francs par kilomètre.	648,000
A valoir.	52,000
Total pour les constructions accessoires.	700,000

5° VOIES ET ACCESSOIRES, ADMINISTRATION, PERSONNEL, CLÔTURES ET DÉPENSES DIVERSES.

11 kilom. 3 hectom., à 2 voies, à 120,000 fr. par kilom. .	1,356,000
31 kilom. 9 hectom., à 1 voie, à 70,000 fr. par kilomètre.	2,233,000
A valoir.	61,000
Total pour les voies et accessoires.	3,650,000

24

6° MATÉRIEL D'EXPLOITATION, OUTILLAGE, MOBILIER DES GARES.

fr.

43 kilomètres 2 hectomètres à 25,000 fr. par kilomètre.	1,080,000
A valoir.	20,000
Total pour le matériel, etc.	1,100,000

7° RÉCAPITULATION DE LA DÉPENSE.

Acquisition de terrain.	800,000
Terrassements.	3,400,000
Ouvrages d'art.	600,000
Stations, gares, ateliers, etc.	700,000
Voies et accessoires, administration, etc.	3,650,000
Matériel d'exploitation, outillage, etc.	1,100,000
Montant du total de la dépense dans le dépt. du Nord.	10,250,000

Le parcours étant de 43 kilomètres 2 hectom., le kilomètre reviendra moyennement à 237,000 fr.

DEVIS DESCRIPTIF ET DÉTAIL ESTIMATIF.

EMBRANCHEMENT DE CAMBRAI.

DEUXIÈME SECTION, COMPRISE DANS LE DÉPARTEMENT DU NORD:

CHAPITRE PREMIER.

DESCRIPTION DU TRACÉ EN PLAN.

L'embranchement de Cambrai se sépare à Douchy de la ligne principale de Valenciennes à Mézières, par la prolongation de l'alignement de Denain à Douchy. Cet alignement finit à Neuville-sur-Escaut.

Le chemin de fer traverse ensuite auprès de Bouchain la route royale de Valenciennes à Cambrai; il se maintient à peu près parallèlement à cette route jusqu'aux abords d'Iwuy où il la traverse de niveau.

D'Iwuy à Escaudœuvres la ligne de fer se trouve entre la route et le canal de l'Escaut, elle traverse ce canal à 500 mètres environ en amont de Ramillies, et s'arrête à Cambrai auprès de la route d'Arras et du canal de Saint-Quentin.

Le tableau suivant donne exactement la longueur des alignements droits et courbes, fait connaître les angles des alignements successifs, et le rayon des courbes de raccordement, dont le minimum est 1000 mètres.

Afin de n'avoir pas à introduire dans les calculs d'angles supérieurs à 180°, on a compté positivement les angles à droite de la ligne de départ et négativement les angles situés à gauche de la même ligne.

Pour éviter la confusion, on n'a généralement inscrit sur les plans que les angles compris entre les rayons extrêmes, angles qui sont les suppléments des premiers.

PLAN.

| NUMÉROS des alignements | PARTIES DROITES. | | NUMÉROS des courbes. | PARTIES COURBES. | | INDICATION |
	LONGUEURS.	ANGLES des alignements successifs.		LONGUEURS.	RAYONS.	DES LIEUX PRINCIPAUX.
1	2920 »	»	»	»	»	
		148°30'	1	1099 »	2000	Neuville.
2	2335 »	»	»	»	»	Bouchain.
		158°	2	767 60	2000	Hordain.
3	1030 »	»	»	»	»	
		169°30'	3	366 »	2000	
4	640 »	»	»	»	»	
	135°	»	4	785 »	2000	Iwuy.
5	4325 »	»	»	»	»	Thun-Saint-Martin.
	151°40'	»	5	1011 78	2000	
6	857 89	»	»	»	»	Ramillies.
		167°45'	6	357 89	2000	Canal de l'Escaut.
7	2565 00	»	»	»	»	
		161°	7	660 »	2000	Cambrai.
8	460 73	»	»	»	»	Route d'Arras.
	15103 62			5047 27		

Longueur totale .20,150 mètres. de l'embranchement de Cambrai.

CHAPITRE II.

DESCRIPTION DU TRACÉ EN ÉLÉVATION.

Le chemin de fer restant dans la vallée de l'Escaut, épouse constamment la pente moyenne de cette vallée qui est très faible, de telle sorte qu'entre Valenciennes et Cambrai, il n'y a point de contrepente, et que l'inclinaison maxima n'excède pas 0,002 par mètre.

La ligne étant d'ailleurs aussi courte que possible entre les deux points extrêmes (31,500 mètres environ), il s'ensuit que les frais de traction seront réduits à leur minimum.

Le chemin de fer parti de Valenciennes à la cote 33 mètres arrive à Cambrai à la cote 44^m 50.

Le tableau suivant présente la description détaillée du profil en long.

PROFIL EN LONG.

NUMÉROS d'ordre.	PALIERS.		NUMÉROS d'ordre.	RAMPES.		INDICATION des LIEUX PRINCIPAUX.
	LONGUEURS.	COTES.		LONGUEURS.	Inclinaisons par mètre.	
1	6000 »	37 »	1	2000 »	0,002	De Douchy à Bouchain. Bouchain à Hordain. Iwuy, Thun, St-Martin.
2	5000 »	44 »	2	2000 »	0,004	
3	» »	43 »	3	4000 »	0,0015	Escandœuvres. Ramillies. Morenchies, Cambrai.
4	4150 89	44 50				
	15150 89			5000 »		

Longueur totale   20,150 89   de l'embranchement de Cambrai.

CHAPITRE III.

INDICATION DES OUVRAGES D'ART.

1 pont de 5 mètres d'ouverture pour le chemin de Denain à Douchy.

1 pont de 6 mètres sur la Selle.

1 passage de niveau pour le chemin de Douchy à Neuville.

1 pont de 5 mètres entre parapets pour le chemin de Noyelles à Neuville.

1 passage de niveau sur la route royale de Valenciennes à Cambrai.

1 passage de niveau pour le chemin de Bouchain à Avesnes-le-Sec.

1 pont de 5 mètres entre parapets pour le chemin d'Hordain à Avesnes-le-Sec.

1 passage de niveau à Iwuy pour la route royale de Valenciennes à Cambrai.

2 passages de niveau pour les rues d'Iwuy.

1 ponceau de 3 mètres sur le ruisseau des Fontaines.

1 pont de 6 mètres sur le ravin de Reclin.

1 pont de 5 mètres sur le chemin des Marais.

1 pont de 5 mètres sur le sentier de Riceul.

1 passage de niveau pour le chemin de Naves.

1 passage de niveau pour la chaussée de Brunhaut.
1 pont de 5 mètres sur la rue Montagne.
1 pont de 5 mètres sur la rue Verte.
1 pont biais de 20 mètres d'ouverture sur le canal de l'Escaut.
1 passage de niveau avec dérivations pour les chemins de Ramillies et Morenchies.
1 passage de niveau sur le chemin des moulins d'Aire.
1 passage de niveau sur le chemin de la Fontaine-Notre-Dame.
1 passage de niveau sur la route royale de Cambrai à Lille.
1 passage de niveau sur le chemin de Cambrai à Oisy.
8 aqueducs de 1 mètre d'ouverture.

RÉCAPITULATION.

1° *Ponts sous le chemin de fer.*

1 pont biais de 20 mètres d'ouverture.
2 ponts de 6 mètres d'ouverture.
5 ponts de 5 mètres d'ouverture.
1 ponceau de 3 mètres d'ouverture.
8 aqueducs de 1 mètre d'ouverture.

2° *Ponts sur le chemin de fer.*

2 ponts de 5 mètres entre parapets.

3° *Passages de niveau.*

13 passages de niveau avec dérivations.

CHAPITRE IV.

STATION, GARES, REMISES ET ATELIERS.

L'embranchement de Cambrai ne comporte qu'une station de 1re classe à Cambrai, ne différant de celle de Valenciennes que par la moindre importance des remises et des ateliers, et une station de 3e classe à Iwuy qui formera gare d'évitement.

CHAPITRE V.

ESTIMATION SOMMAIRE.

1° ACQUISITIONS DE TERRAINS.

fr.
Emplacement du chemin de fer, 35 hect. 5 ares à 6,000 fr.   213,000
Supplément pour l'emplacement des haies de clôture

	fr.
Report.	213,000
6 hectares à 6,000 fr.	36,000
Supplément pour la gare d'Iwuy, 1 hectare à 7,000 fr.	7,000
Supplément pour la gare de Cambrai, 4 hect. à 12,000 fr.	48,000
Indemnité pour démolition de propriétés bâties.	200,000
A valoir pour frais d'acquisitions.	96,000
Total pour les acquisitions de terrains.	**600,000**

2° TERRASSEMENTS.

530,000 mètres cubes de déblai transportés en remblai, à 1 fr. 50 c.	795,000
A valoir pour les gares d'Iwuy et de Cambrai.	205,000
Total pour les terrassements.	**1,000,000**

3° OUVRAGES D'ART.

Ponts sous le chemin de fer.

1 pont biais de 20 mètres d'ouverture.	60,000
2 ponts de 6 mètres à 15,000 fr.	30,000
5 ponts de 5 mètres à 12,000 fr.	60,000
1 ponceau de 3 mètres.	6,000
8 aqueducs de 1 mètre à 3,000 fr.	24,000

Ponts sur le chemin de fer.

2 ponts de 5 mètres entre parapets à 18,000 fr.	36,000

Passages de niveau.

13 passages de niveau à 2,000 fr., compris dérivations.	26,000
A valoir.	58,000
Total pour les ouvrages d'art.	**300,000**

4° CONSTRUCTIONS POUR STATIONS, GARES DE VOYAGEURS ET DE MARCHANDISES, DÉPOTS DE MACHINES, REMISES DE VOITURES, ATELIERS DE RÉPARATION, MAISONS DE GARDIENS.

20 kilomètres 2 hectomètres à 15,000 fr.	303,000
Supplément pour la gare de Cambrai.	97,000
Total pour les constructions accessoires.	**400,000**

5° VOIES ET ACCESSOIRES, ADMINISTRATION, PERSONNEL, CLÔTURES
ET DÉPENSES DIVERSES.

	fr.
20 kilomètres 2 hectomètres, à 70,000 fr..	1,414,000
Supplément pour la gare de Cambrai.	86,000
Total pour les voies et accessoires.	1,500,000

6° MATÉRIEL D'EXPLOITATION, OUTILLAGE, MOBILIER DES GARES.

20 kilomètres 2 hectomètres, à 25,000 fr. par kil.. . .	505,000
Supplément pour la gare de Cambrai et à valoir. . . .	95,000
Total pour le matériel, etc.	600,000

7° RÉCAPITULATION.

Acquisitions de terrains.	600,000
Terrassements.	1,000,000
Ouvrages d'art.	300,000
Stations, gares, ateliers.	400,000
Voies et accessoires, administration.	1,500,000
Matériel d'exploitation, outillage, etc..	600,000
Montant total de la dépense pour l'embranchement de Cambrai.	4,400,000

Le parcours étant 20 kilomètres 2 hectomètres, le kilomètre
reviendra moyennement à 218,000 fr.

LIGNE PRINCIPALE.

TROISIEME SECTION, COMPRISE DANS LE DEPARTEMENT DE L'AISNE.

CHAPITRE I.

DESCRIPTION DU TRACÉ EN PLAN.

Le chemin de fer pénètre dans le département de l'Aisne, sur le territoire de la commune de Saint-Martin-Rivière.

Il quitte alors la vallée de la Selle pour franchir les contreforts et le plateau qui sépare les vallées de l'Escaut, de la Sambre et de l'Oise.

Il traverse le village de Ribauville, touche à Oisy, passe au-dessus du canal de la Sambre à l'Oise, à 1500 mètres en amont d'Étreux, qui est point de partage des eaux de ce canal. Il franchit successivement et d'équerre les vallées étroites et encaissées du Noirieu et de l'Iron, deux affluents de l'Oise ; touche au village de La Vacqueresse ; atteint, par un long alignement droit, le village de Crupilly, et entre ensuite dans la vallée de l'Oise, au village de Chigny, par une courbe embrassant environ les deux tiers d'un angle droit.

Le chemin de fer se maintient dans la vallée de l'Oise jusqu'à Hirson, en touchant aux bourgs et villages d'Englancourt, Erloy, Sorbais, Etréaupont, Gergny, Lusoir, Effry, Ohis, Neuve-Maison.

A Hirson, il quitte la vallée de l'Oise et suit la vallée du Gland, jusqu'à son origine dans le département des Ardennes. Les points principaux abordés par le chemin de fer sont : Saint-Michel, Montorieux, Any et Martin-Rieux.

Le tableau ci-joint donne exactement la longueur des alignements droits et des courbes, fait connaître les angles des alignements successifs et le rayon des courbes de raccordement, dont le minimum est 1000.

Afin de n'avoir pas à introduire dans les calculs d'angles supérieurs à 180°, on a compté positivement les angles situés à droite de la ligne de départ, et négativement les angles situés à gauche de la même ligne.

Pour éviter la confusion, on n'a généralement inscrit sur les plans que les angles compris entre les rayons extrêmes, angles qui sont les suppléments des premiers.

PLAN.

NUMÉROS des alignements.	PARTIES DROITES — LONGUEURS.	PARTIES DROITES — ANGLES des alignements successifs.	NUMÉROS des courbes.	PARTIES COURBES — LONGUEURS.	PARTIES COURBES — RAYONS.	INDICATION des LIEUX PRINCIPAUX.
		150°	16	296 74	1500	Limite des départements du Nord et de l'Aisne.
17	710 »	143° 30'	17	636 42	1000	Ribeauville.
18	1687 »		18	597 38	1500	
19	4780 »	157° 40'	19	334 93	1000	Oisy.
20	7270 60	156°	20	453 86	2000	
21	5040 »	167°	21	1209 05	1000	La Vacqueresse
22	2110 04	110° 30'	22	404 67	2000	Crupilly. Chigny. Englancourt.
23	3040 »	177°	23	244 22	2000	Erloy.
24	4871 »	173°	24	1255 83	2000	Sorbaix. Etréaupont.
25	595 »	150° 30'	25	296 55	2000	Gergny. Effry.
26	5440 »	174°	26	1186 20	2000	Ohis. Hirson.
27	8452 76	146°	27	244 32	2000	Saint-Michel. Montorieux.
28	5865 78	172°	28	781 50	2000	Any.
29	1883 50					Martin, Rieux, limites des départements de l'Aisne et des Ardennes.
	51745 65			7644 57		

Longueur totale. . . . . . 59387 22 dans le département de l'Aisne.

CHAPITRE II.

DESCRIPTION DU TRACÉ EN ELEVATION.

Profil en travers.

Le chemin de fer, quoique ne devant recevoir provisoirement qu'une voie dans toute son étendue, à l'exception de la partie comprise entre Valenciennes et Douchy, est projeté à deux voies, quant aux terrassements et aux ouvrages d'art, conformément au profil arrêté par l'Administration pour les grandes lignes du royaume.

Le chemin de fer entre dans le département de l'Aisne à la cote

136^{m}075, il s'y élève à la cote 165 mètres, pour franchir le plateau entre la Selle et l'Oise, redescend ensuite dans la vallée de l'Oise à la cote 135 mètres, et enfin s'élève, à la limite des départements de l'Aisne et des Ardennes à la cote 220 mètres.

Il existe dans cette étendue une contrepente de 30 mètres ; l'inclinaison des rampes et pentes n'est sur aucun point supérieure à 0^{m}005 par mètre.

Le tableau ci-dessous donne la description détaillée du profil en long.

PROFIL EN LONG.

NUMÉROS d'ordre.	PALIERS.		NUMÉROS d'ordre.	RAMPES ET PENTES.			INDICATION
	LON- GUEURS.	COTES.		EN RAMPE.	EN PENTE.	Inclinaison par mètre.	DES LIEUX PRINCIPAUX.
		136 075	6	4784 62	»	0 005	L'arbre de Guise.
7	10000 »	145 »					Canal de la Sambre à Etreux.
			7	4000 00	»	0 005	La Vacqueresse.
8	6000 »	165 »					Chigny.
			8	»	6000 60	0 005	Erloy.
9	6000 »	135 »					Etréaupont.
			9	8000 00	»	0 005	Ohis.
10	2000 »	175 »					Neuve-Maison.
			10	11000 00	»	0 005	La Fosse-aux-Loups.
11	4602 60	220 »					Limite des départements de l'Aisne et des Ardennes.
	28602 60			24784 62	6000 00		

Longueur totale. | 59387^{m}22 | dans le département de l'Aisne.

CHAPITRE III.

INDICATION DES OUVRAGES D'ART.

1 Passage de niveau pour le chemin de Saint-Martin-Rivière à l'arbre de Guise.

1 Pont de 5 mètres, entre parapets, pour le chemin vicinal du Cateau à Guise.

1 Pont de 5 mètres, entre parapets, sur la rue de Ribeauville.

1 Pont de 5 mètres, entre parapets, sur le chemin de Mazinghien.

1 Pont de 5 mètres d'ouverture sur le chemin de Boué à Oisy.

1 pont de 7 mètres d'ouverture sur la route départementale de Landrecies à Guise.

1 pont de 5 mètres d'ouverture sur le chemin d'Etreux à Boué.

1 pont de 20 mètres d'ouverture sur le canal de la Sambre à l'Oise.

1 pont de 5 mètres d'ouverture pour les deux chemins de la Meunière et de La Neuville à Boué.

2 passages de niveau pour les chemins de La Neuville-les-Dorangts à la Curette et à Fauconnier.

1 pont de 5 mètres d'ouverture sur le chemin latéral au ruisseau de La Neuville.

1 pont de 6 mètres sur le ruisseau de La Neuville.

1 pont de 5 mètres entre parapets sur le chemin de Saint-Quentin.

1 passage de niveau sur le chemin de Ribeaufontaine.

1 pont de 5 mètres entre parapets sur les deux chemins de La Neuville-les-Dorangts à Iron.

1 pont de 6 mètres d'ouverture sur le ruisseau d'Iron.

1 pont de 5 mètres entre parapets sur le chemin de Guise au Nouvion avec dérivations latérales.

1 pont de 8 mètres entre parapets sur la route royale de Guise à la Capelle.

1 pont de 5 mètres d'ouverture sur le chemin de Crupilly.

1 pont de 6 mètres d'ouverture sur le ruisseau de Crupilly.

1 pont de 5 mètres entre parapets sur le chemin de Guise à Chigny.

2 passages de niveau à Chigny.

1 passage de niveau avec dérivation à Anglancourt.

1 pont de 6 mètres sur le ruisseau d'Anglancourt.

1 pont de 5 mètres d'ouverture sur le chemin de La Pelle.

1 passage de niveau avec dérivation à Erloy.

1 pont de 5 mètres d'ouverture sur le chemin d'Autreppe.

1 ponceau de 3 mètres sur le ruisseau entre Autreppe et Sorbais.

2 passages de niveau avec dérivations à Sorbais.

1 pont de 4 mètres sur le ruisseau de Sorbais.

1 pont de deux mètres sur un autre ruisseau après Sorbais.

1 pont de 7 mètres entre parapets sur la route départementale de Vervins à La Capelle.

3 ponts de 6 mètres sur l'Oise entre Etréaupont et Gergny.

1 passage de niveau avec dérivations sur les chemins de Luzoir.

1 passage de niveau avec dérivations pour les chemins d'Effry.

1 pont de 6 mètres sur l'Oise.

1 pont de 3 mètres entre parapets pour le chemin de Varennes.

1 pont de 6 mètres sur l'Oise.

1 pont de 5 mètres entre parapets pour la rue d'Hois.

2 passages de niveau avec dérivations à Neuve-Maison.

2 ponts de 5 mètres d'ouverture sur les chemins d'Hirson.

1 pont de 8 mètres entre parapets sous la route royale de Mézières.

1 passage de niveau pour le chemin d'Hirson à Saint-Michel.

2 passages de niveau pour les chemins de Saint-Michel.

1 pont de 5 mètres d'ouverture pour le chemin de Relissy à Montorieux.

1 pont de 5 mètres sur Le Gland.

1 pont de 6 mètres sur la place de Montorieux.

1 pont de 5 mètres d'ouverture à la limite des communes de Montorieux et de Watigny.

2 passages de niveau pour les chemins Vert et de la Fosse-aux-Loups.

3 passages de niveau pour les chemins d'Any et de Martin-Rieux.

1 pont de 4 mètres sur Le Gland.

20 acqueducs de 1 mètre d'ouverture.

RECAPITULATION.

1° *Ponts sous le chemin de fer.*

1 pont de 20 mètres d'ouverture.

1 pont de 7 mètres d'ouverture.

1 pont de 6 mètres d'ouverture.

10 ponts de 6 mètres d'ouverture.

12 ponts de 5 mètres d'ouverture.

2 ponts de 4 mètres d'ouverture.

1 ponceau de 3 mètres d'ouverture.

1 ponceau de 2 mètres d'ouverture.

20 acqueducs de 1 mètre d'ouverture.

2° *Ponts sur le chemin de fer.*

2 ponts de 8 mètres entre parapets.

1 pont de 7 mètres entre parapets.

8 ponts de 5 mètres entre parapets.

1 pont de 3 mètres entre parapets.

3° *Passages de niveau.*

22 passages à niveau avec dérivations ou redressements de chemins.

CHAPITRE IV.

STATIONS, GARES, REMISES ET ATELIERS.

Trois stations de deuxième classe seront établies dans le département de l'Aisne : à Etreux, point de partage du canal de la Sambre à l'Oise, à Etréaupont, bourg de passage de la route de Vervins à La Capelle, et à Hirson qui est traversé par la route de Lille à Mézières.

Ces trois stations contiendront, indépendamment des salles d'attente pour les voyageurs, des remises pour les voitures, des lieux de dépôts pour les marchandises et des réservoirs d'eau et de coke.

CHAPITRE V.

ESTIMATION SOMMAIRE.

1° ACQUISITIONS DE TERRAINS.

	fr.
Emplacement du chemin de fer dans le département de l'Aisne. 119 hectares à 4,500 fr.	535,500
Supplément pour les gares d'Etreux, Etréaupont et Hirson, 3 hectares à 5,000 fr.	15,000
Supplément pour l'emplacement des haies de clôture, 18 hectares à 4,500 fr..	81,000
Indemnité pour démolition de propriétés bâties.	200,000
A valoir. pour frais d'acquisitions, purges, etc..	68.500
Total pour les acquisitions de terrains.	900,000

2° TERRASSEMENTS.

2,475,000 mètres cubes de déblai transportés en remblai à 1 fr. 80 cent.	4,455,000
1,300,000 mètres cubes d'emprunts pour remblai à 1 fr. .	1,300,000
300,000 mètres cubes pour les gares d'Etreux, d'Etréaupont, d'Hirson à 1 fr.	300,000
A valoir.	445,000
Total pour les terrassements.	6,500,000

3° OUVRAGES D'ART.

Ponts sous le chemin de fer.

	fr.
1 pont de 20 mètres d'ouverture et de 12 de hauteur. . . .	70,000
1 pont de 7 mètres.	20,000
10 ponts de 6 mètres à 15,000 fr.	150,000
12 ponts de 5 mètres à 12,000 fr.	144,000
2 pont de 4 mètres à 10,000 fr.	20,000
1 ponceau de 3 mètres.	6,000
1 ponceau de 2 mètres.	4,000
20 acqueducs de 1 mètres à 3,000 fr.	60,000

Pont sur le chemin de fer.

2 ponts de 8 mètres de largeur entre parapets à 30,000 fr..	60,000
1 pont de 7 mètres à 25,000 fr.	25,000
8 ponts de 5 mètres à 18,000 fr.	144,000
1 pont de 3 mètre.	12,000

Passages de niveau.

22 passages de niveau à 2,000 fr. compris dérivation. . .	44,000
A valoir.	141,000
Total pour les ouvrages d'art.	900,000

4° CONSTRUCTIONS POUR LES STATIONS, GARES DE VOYAGEUUS ET DE MARCHANDISES, DÉPÔTS DE MACHINES, REMISES DE VOITURES, ATELIERS DE RÉPARATIONS, MAISONS DE GARDIENS, ETC.

59 kilomètres 4 hectomètres à 115,000 fr. par kilomètre. .	891,000
A valoir.	59,000
Total pour les constructions accessoires.	950,000

5° VOIES ET ACCESSOIRES ADMINISTRATION, PERSONNEL, CLÔTURES, DÉPENSES DIVERSES.

59 kilom. 4 hect. à 70,000 fr. par kilom.	4,158,000
A valoir.	42,000
Total pour les voies, etc..	4,200,000

6° MATÉRIEL D'EXPLOITATION, OUTILLAGE, MOBILIER DES GARES.

	fr.
59 kilom. 4 hect. à 2,500 fr. par kilom.	1,485,000
A valoir.	65,000
Total pour le matériel, etc.	1,550,000

7° RÉCAPITULATION.

	fr.
Acquisitions de terrains.	900,000
Terrassements.	6,500,000
Ouvrages d'art.	900,000
Stations, gares, ateliers, etc..	950,000
Voies et accessoires, administration, etc.	4,200,000
Matériel d'exploitation.	1,550,000
Montant total de la dépense dans le dépt. de l'Aisne. .	15,000,000

Le parcours étant de 59 kilom. 4 hect., le kilomètre reviendra moyennement à 253,000 fr.

LIGNE PRINCIPALE.

QUATRIÈME SECTION, COMPRISE DANS LE DÉPARTEMENT
DES ARDENNES.

CHAPITRE I.

DESCRIPTION DU TRACÉ EN PLAN.

Le chemin de fer entre, dans le département des Ardennes, sur le territoire de la commune de Fligny. Il remonte la vallée du Gland jusqu'à son origine, franchit le plateau entre l'Oise et la Meuse, et suit le cours de la Sormonne, qui se jette dans le Meuse à Mézières.

Dans ce trajet, il touche à Fligny, La Neuville-aux-Tourneurs, Maubert-Fontaine, Étalle, Chilly, Laval-Morency, Sormonne, Tournes.

Il aboutit enfin à la grande rue qui joint Charleville à Mézières.

En dehors de Charleville et Mézières, les points les plus importants abordés par le chemin de fer dans le département des Ardennes, sont : Maubert-Fontaine, la route de Rocroy à Réthel qui se croise avec la route de Flandres, et Laval-Morency, qui est destiné à servir de lieu de dépôt et d'embarquement pour les ardoisières de Rimogne.

La configuration du sol ne permet pas, en effet, de desservir directement Rimogne par le chemin de fer.

Le tableau ci-dessous donne exactement la longueur des alignements droits et des courbes, fait connaître les angles des alignements successifs et le rayon des courbes de raccordement, dont le minimum est 1,000 mètres.

Afin de n'avoir pas à introduire dans les calculs d'angles supérieurs à 180 degrés, on a compté positivement les angles à droite de la ligne de départ, et négativement les angles situés à gauche de la même ligne.

Pour éviter la confusion, on n'a généralement inscrit sur les plans que les angles compris entre les rayons extrêmes, angles qui sont les suppléments des premiers.

| NUMÉROS des alignements. | PARTIES DROITES. | | NUMÉROS des courbes. | PARTIES COURBES. | | INDICATION |
	LONGUEURS.	ANGLES des alignements successifs.		LONGUEURS.	RAYONS.	DES LIEUX PRINCIPAUX.
29	798 30	161°	29	662 89	2000	Fligny.
30	600 »		30	523 32	2000	
31	6160 »	165°				La Neuville - aux - Tourneurs.
32	9842 40	153°20'	31	942 »	2000	Monidée. Maubert-Fontaine. Laval-Morency.
33	13761 98	166°	32	488 44	2000	Le Châtelet Sormonne.
34	2168 »	166°40'	33	465 07	2000	Tournes. La Meuse. Charleville et Mézières.
	33330 68			3081 72		

| Longueur totale | 36412ᵐ40 | Dans le département des Ardennes. |

CHAPITRE II.

DESCRIPTION DU TRACÉ EN ÉLÉVATION.

Le chemin de fer arrive, dans le département des Ardennes, par un palier à la côte 220 mètres. Il doit s'élever encore pour pouvoir pénétrer dans la vallée de la Sormonne ; on arrive de cette manière à la cote à peu près obligé 255 mètres.

De nouvelles études, à l'époque de l'exécution, conduiront sans doute à remonter encore la ligne du chemin de fer entre la Neuville-aux-Tourneurs et Monidée, afin d'éviter un souterrain de 500 mètres de longueur dans cette partie. Il suffira pour cela de se relever de 5 mètres, c'est-à-dire de franchir le plateau à la cote 260 mètres.

Cette modification pouvant être apportée au projet, sans qu'on soit obligé d'admettre des pentes ou rampes supérieures à 0ᵐ005, nous ne comprendrons pas de souterrain dans notre estimation, et nous nous bornerons à évaluer les terrassements tels qu'ils existent dans nos profils. Notre estimation, pour cette partie, sera, de cette manière, plutôt trop forte que trop faible.

Une fois qu'on est parvenu dans la vallée de la Sormonne, le tracé du chemin de fer ne présente plus aucune difficulté ; pris en plan, soit en élévation, des pentes de 0^m005 séparées par d'assez longs paliers amènent les rails à 2^m50 environ au-dessus de la route ce Mézières à Charleville.

Le tableau ci-dessous donne la description détaillée du profil en long.

PROFIL EN LONG.

NUMÉROS d'ordre.	PALIERS.		NUMÉROS d'ordre.	RAMPES ET PENTES.			INDICATION
	LON-GUEUR.	CÔTES.		EN RAMPES.	EN PENTES.	Inclinaison par mètre.	DES LIEUX PRINCIPAUX.
11	397 40	220 »	11	7000 »		0 005	Fligny.
12	1000 »	255 »					La Neuville-aux-Tourneurs
			12		1000 »	0 004	Monidée.
13	2000 »	196 »			14000 »	0 005	Maubert-Fontaine.
			13		7000 »	0 005	Laval, Morency, Murtin, Sermonne, Haudruy.
14	1000 »	161 »					Tournes.
			14		3000 »	0 002	
15	3015 »	155 »					Charleville et Mèzières.
	7412 40			7000 »	22000 »		
Longueur totale	36,412 40			dans le département des Ardennes.			

CHAPITRE III.

INDICATION DES OUVRAGES D'ART.

1 passage de niveau pour le chemin de Fligny à Signy-le-Petit.

1 passage de niveau avec dérivations pour les chemins de Tarzy.

2 ponts de 5 mètres d'ouverture pour les chemins de La Neuville-aux-Tourneurs à Gosselin et à la ferme Germeau.

1 passage de niveau pour le chemin du pont d'Any.

1 pont de 5 mètres, entre parapets, pour le chemin du Fourneau-de-La-Roche.

1 pont de 4 mètres d'ouverture sur la Sormonne.

1 passage de niveau sur la route royale à Monidée.

2 passages de niveau pour le chemin d'Éteignières et de Girondelle.

1 pont de 5 mètres, entre parapets, pour le chemin de Dorville.

2 ruisseaux dérivés dans les fossés du chemin de fer.

1 pont de 5 mètres, entre parapets, pour le chemin d'Éteignières à Maubert-Fontaine.

2 ponts de 4 mètres sur la Sormonne.

2 passages de niveau sur les rues et chemins d'Étalle.

1 aqueduc de 2 mètres sur le ruisseau de la Cense.

1 passage de niveau sur le chemin du gué d'Angueville.

1 pont de 5 mètres sur le chemin de Chilly.

1 pont de 4 mètres d'ouverture sur la Sormonne.

1 pont de 5 mètres d'ouverture sur le chemin de l'Echelle à Laval-Morency.

1 passage de niveau sur le chemin du Châtelet à Bogny.

1 passage de niveau avec dérivations pour les chemins de Murtin.

1 pont de 6 mètres, entre parapets, pour un chemin de grande communication à Sormonne.

1 pont de 5 mètres d'ouverture sur la Sormonne.

1 pont de 5 mètres, entre parapets, pour le chemin de Sormonne au Ham-les-Moines.

1 passage de niveau avec dérivations pour les chemins de Launy et Cliron.

1 aqueduc de 2 mètres d'ouverture sur le ruisseau de l'Ormeau.

1 pont de 6 mètres d'ouverture pour le chemin de grande communication d'Haudrecy à Charoué.

4 passages de niveau pour les chemins de Tournes, Damouzy, Étion et Warcq.

12 aqueducs de 1 mètre d'ouverture.

RÉCAPITULATION.

1° *Ponts sous le chemin de fer.*

1 pont de 6 mètres d'ouverture.

5 ponts de 5 mètres d'ouverture.

4 ponts de 4 mètres d'ouverture.

2 ponceaux de 2 mètres d'ouverture.

12 acqueducs de 1 mètre.

2° *Ponts sur le chemin de fer.*

1 pont de 6 mètres, entre parapets.

4 ponts de 5 mètres.

3° Passages de niveau.

16 passages de niveau avec dérivations de chemins.

CHAPITRE IV.

STATIONS, GARES, REMISES ET ATELIERS.

Le département des Ardennes, indépendamment de la station de première classe à Mézières, demande deux stations de deuxième classe, l'une à Monidée, pour recevoir les provenances de Rocroy et Réthel, l'autre à Laval-Morency, pour l'embarquement des ardoises de Rimogne.

La station de Monidée sera complète, c'est-à-dire qu'elle contiendra remise pour les voitures, lieu de dépôt pour les marchandises et réservoirs d'eau et de coke.

La station de Laval-Morency ne comprendra que ce qui est nécessaire pour les voyageurs et pour les marchandises.

La station de Mézières, enfin, ne différera de celle de Valenciennes que par la moindre importance des ateliers de réparation.

CHAPITRE V.

ESTIMATION SOMMAIRE.

1° ACQUISITION DE TERRAINS.

	fr.
Emplacement du chemin de fer dans le département des Ardennes 64 hectares 5 ares, à 3,500 fr.	225,750
Supplément pour l'emplacement des haies de clôture, 11 hectares à 3,500 fr.	38,500
Supplément pour les gares de Monidée et de Laval-Morency, 2 hectares à 4,000 fr.	8,000
Supplément pour la gare de Mézières, 4 hectares à 8,000 fr.	32,000
Indemnité pour démolition de propriétés bâties..	130,000
A valoir pour frais d'acquisition, purges, etc..	65,750
Total pour les acquisitions de terrains.	500,000

2° TERRASSEMENTS.

1,860,000 mètres cubes de déblai, transportés en remblai à 2 fr.	3,7 0,000

fr.

Report.	3,720,000
640,000 mètres cubes de déblai retranchés, à 1 fr. 20 c. .	780,000
A valoir pour les gares de Mézières, Monidée, Laval-Morency et imprévues.	500,000
Total pour les terrassements.	5,000,000

3° OUVRAGES D'ART.

Ponts sous le chemin de fer.

fr.

1 pont de 6 mètres d'ouverture.	15,000
5 ponts de 5 mètres, à 12,000 fr..	60,000
4 ponts de 4 mètres, à 10,000 fr.	40,000
2 ponceaux de 2 mètres, à 4,000 fr.	8,000
12 acqueducs de 1 mètre, à 3,000 fr.	36,000

Ponts sur le chemin de fer.

1 pont de 6 mètres, entre parapets.	21,000
4 ponts de 5 mètres, à 18,000 fr.	72,000

Passages de niveau.

16 passages de niveau, à 2,000 fr., compris dérivations. .	32,000
A valoir.	66,000
Total pour les ouvrages d'art.	350,000

4° CONSTRUCTIONS POUR LES STATIONS, GARES DE VOYAGEURS ET DE MARCHANDISES, DÉPÔTS DE MACHINES, REMISES DE VOITURES, ATELIERS DE RÉPARATIONS, MAISONS DE GARDIENS, etc.

fr.

36 kilomètres 4 hectomètres, à 15,000 fr.	546,000
A valoir.	54,000
Total pour les constructions accessoires.. . .	600,000

5° VOIES ET ACCESSOIRES; ADMINISTRATION; PERSONNEL; CLOTURES ET DÉPENSES DIVERSES.

fr.

36 kilomètres 4 hectomètres, à 70,000 fr. par kilomètre. .	2,548,000
A valoir.	52,000
Total pour les voies, etc.	2,600,000

6° MATÉRIEL D'EXPLOITATION, OUTILLAGE, MOBILIER DES GARES.

	fr.
36 kilomètres 4 hectomètres, à 25,000 fr.	910,000
A valoir.	50,000
Total pour le matériel, etc.	950,000

7° RÉCAPITULATION.

	fr.
Aquisitions de terrains.	500,000
Terrassements.	5,000,000
Ouvrages d'art.	350,000
Stations, gares, ateliers, etc.	600,000
Voies et accessoires, etc.	2.600,000
Matériel d'exploitation, outillage.	950,000
Montant total de la dépense dans le département des Ardennes.	10,000,000

Le parcours étant de 36 kilomètres 4 hectomètres, le kilomètre reviendra moyennement à 276,000 fr.

RECAPITULATION

GÉNÉRALE DES LONGUEURS ET DE LA DÉPENSE DES DIFFÉRENTES SECTIONS DU CHEMIN.

	LONGUEURS.		DÉPENSE.
	kil.	hec.	fr.
1re SECTION, comprise dans le département du Nord.	43	2	10,250,000
2e SECTION (embranchement de Cambrai), comprise dans le département du Nord. .	20	2	4,400,000
3e SECTION, comprise dans le département de l'Aisne.	59	4	15,000,000
4e SECTION, comprise dans le département des Ardennes.	36	4	10,000,000
TOTAL.	159	2	39,650,000

Rédigé par l'ingénieur soussigné,

LEFORT.

Paris, le 30 mai 1846.

CHEMIN DE FER

DE

VALENCIENNES A MÉZIÈRES

AVEC EMBRANCHEMENT SUR CAMBRAI.

MÉMOIRE

A L'APPUI DE L'AVANT-PROJET.

EXPOSE.

Une société s'est formée depuis plusieurs années, dans le but d'étudier les moyens les plus convenables de rattacher les départements de l'est de la France aux départemens du nord, et au réseau des chemins de fer de la Belgique.

Après divers tâtonnements elle s'est arrêtée à l'idée de mettre en rapport, par un chemin de fer, Valenciennes, Cambrai et Mézières, prévoyant que cette ligne serait ensuite prolongée sur Sedan, sur Metz et sur Strasbourg. Dans ces conditions le chemin de fer relierait nos places fortes les plus importantes, et acquerrait une importance vraiment gouvernementale, quel que fût d'ailleurs l'intérêt industriel attaché à sa construction.

Des opérations nombreuses et suivies furent faites en conséquence sur le terrain. C'est alors que la société nous fit l'honneur de s'adresser à nous, nous demandant de l'aider dans son travail et de la mettre à même de fournir, dans un bref délai, au ministère des travaux publics, le projet d'un chemin de fer de Valenciennes à Mézières avec embranchement sur Cambrai.

Avec l'autorisation de l'administration, nous nous sommes chargés de cette tâche, sous la double condition que les opérations graphiques seraient certifiées par les agents qui les avaient exécutées, et que nous resterions étrangers à la partie industrielle, ne pouvant nous livrer à un examen suffisamment approfondi des renseignements statistiques recueillis ; les quelques mots [que nous avons à dire sur l'ensemble du travail ne concernent donc que la question d'art.

Justification du tracé en plan — Sur la ligne de Valenciennes à Mézières, il n'existe qu'un très petit nombre de villes importantes, Avesnes, le Cateau, Guise sont les seuls points où la population soit un peu agglomérée. Aucune de ces villes ne peut par elle-même déterminer la direction d'un chemin de fer ; la considération de la facilité dans l'exécution et de l'économie dans l'exploitation a dû par suite dominer le tracé.

Si on tire sur la carte une ligne droite de Valenciennes à Mézières, on voit que cette ligne coupe les vallées de l'Escaut, de la Sambre, de l'Oise et de la Meuse, de telle sorte que pour relier les deux points extrêmes, il faut de toute nécessité franchir les contreforts qui séparent ces diverses vallées.

Mézières est d'ailleurs de 130 mètres environ plus élevée que Valenciennes : toute la question se réduit donc à chercher les cols les plus déprimés et les vallées secondaires les plus longues qui peuvent y conduire.

La première qui se présente est la vallée de la Selle, a peu près parallèle à la ligne qui serait tirée de Valenciennes à Mézières, et qui débouche dans la vallée de l'Escaut, de manière à permettre un raccordement facile sur Cambrai : cette vallée nous a conduit jusqu'au point de partage du canal de la Sambre à l'Oise, à Etreux dans le département de l'Aisne.

De là il fallait nécessairement se diriger vers la vallée de l'Oise, en suivant cette rivière jusqu'à Hirson et un de ses affluents, le Gland, nous avons pu arriver dans le département des Ardennes au col de partage des eaux de l'Oise et de la Meuse.

La vallée de Sormonne nous a conduits ensuite sans aucune difficulté jusqu'à Mézières.

Profil en long — Les conditions de tracé du chemin de fer entraînaient la nécessité de pentes et de contre-pentes. Les rails qui sont à la cote 33^m au départ, s'élèvent à 165^m, descendent à 135, remontent à 255 ou plutôt 260^m (conformément à une variante indiquée), et redescendent enfin à 155^m.

Cependant les pentes ou rampes n'excèdent nulle part 0^{m}005 par mètre, aucun souterrain n'est nécessaire sur toute l'étendue d'un parcours de près de 160 kilomètres, et les courbes de raccordement ont au maximum 1000^m de rayon.

Embranchement de Cambrai. — L'embranchement de Cambrai tracé tout entier dans la vallée de l'Escaut, ne présentait pas les mêmes difficultés que la ligne principale, et le maximum de l'inclinaison dans cette partie n'est que de 0^{m}002

Le chemin de fer, de Valenciennes au Cateau, est assis sur le terrain crétacé supérieur, sur le plateau du Cateau à Etreux il rencontre les terrains tertiaires inférieurs comprenant le gypse, le calcaire grossier et l'argile plastique. *Aperçu géologique.*

D'Etreux à LaVacqueresse les vallées appartiennent au terrain crétacé supérieur et les plateaux au terrain crétacé inférieur.

La vallée de l'Oise est tout entière dans le terrain crétacé supérieur jusqu'à Hirson, où apparaît le terrain jurassique, dans son étage inférieur, comprenant le système oolithique et les marnes supraliassiques.

A Any on rencontre le calcaire à gryphies arquées, et le chemin de fer se maintient ensuite jusqu'à Mézières dans le terrain liassique.

On trouvera dans cette dernière partie de grandes ressources pour la fabrication de la chaux hydraulique.

On a supposé que le chemin de fer serait établi pour deux voies dans toute son étendue, quant aux terrassements et aux ouvrages d'art. La voie double en fer ne serait immédiatement posée que dans la partie de Valenciennes à Douchy qui est commune à la ligne principale et à l'embranchement de Cambrai. *Bases de l'estimation.*

Le chemin, auquel sa direction et son étendue donnent une sérieuse importance, doit être construit avec les mêmes soins que ceux qui ont été établis jusqu'à ce jour en France par les ingénieurs du gouvernement, soit au compte de l'Etat, soit au compte des compagnies.

La largeur du chemin, l'écartement des voies, le poids des rails et des supports, le volume et la distance des traverses, etc., sont ceux admis sur les grandes lignes.

Le matériel doit être établi avec la même perfection, seulement il doit recevoir une réduction proportionnelle, relative à l'importance des transports.

Nous croyons avoir suffisamment mis à profit l'expérience que nous avons pu acquérir dans ce genre de constructions, pour qu'on n'ait pas à craindre de mécomptes en se basant sur nos évaluations.

Le matériel, les ateliers, les remises, etc., devront sans doute recevoir un plus grand développement quand il y aura lieu d'établir la seconde voie, mais une pareille obligation ne pouvant résulter que d'un mouvement de voyageurs ou de marchandises qui n'entre pas dans les prévisions actuelles, serait pour l'entreprise une occasion de prospérité plutôt qu'une cause de réduction dans les revenus.

D'après notre projet le chemin de fer de Valenciennes à Mézières part d'un point situé près de la porte de Paris, tandis que le chemin de Paris à Bruxelles aboutit à Valenciennes près de la porte de Lille.

Nous avons dû chercher à relier les deux gares sans faire à travers la ville, une percée à peu près impraticable.

Notre idée à cet égard est sommairement indiquée sur le plan général; nous supposons que l'on construira un chemin de fer de ceinture avec courbes de raccordement d'un petit rayon, qui permettra de faire passer les wagons des plates-formes d'un des chemins sur les plates-formes de l'autre. La jonction des deux chemins n'a en effet d'intérêt réel que pour le transport des bagages et des marchandises (1).

Rédigé par l'ingénieur soussigné

F. LEFORT.

Paris, le 30 mai 1846.

---

(1) Des études ont été faites par les auteurs du projet, afin de rattacher directement le chemin de fer à la station des chemins de fer du Nord et de la Belgique à Valenciennes, au moyen d'une variante qui, partant de Treilh-St-Léger éviterait la citadelle, passerait en tunel sous la colonne de Dampierre et arriverait sur la rive gauche de l'Escaut, vis-à-vis le débarcadère actuel. Si ce mode d'accession était adopté par le génie militaire, un pont jeté sur l'Escaut suffirait pour greffer trois chemins de fer.

TARIF

DES DROITS A PERCEVOIR SUR LE CHEMIN DE FER DE VALENCIENNES A MÉZIÈRES ET SUR L'EMBRANCHEMENT DE CAMBRAI.

Le rail-way de Valenciennes à Mézières, se trouvant dans des conditions à peu près identiques à celles du chemin de fer du Nord et devant avoir communication avec lui, nous proposons de suivre pour la perception des droits, les tarifs adoptés pour ce chemin de fer.

TARIF.		PRIX.		
		de péage.	de transport.	TOTAL.
Par tête et par kilomètre.			fr. c.	fr. c.
Voyageurs non compris l'impôt du dixième sur le prix des places.	Voitures couvertes, garnies et fermées à glaces (1re classe)	0,07	0,05	0,10
	Voitures couvertes, fermées à glaces et à banquettes rembourrés (2e classe)	0,03	0,025	0,075
	Voitures couvertes et fermées avec rideaux (3e classe)	0,03	0,025	0,055
Bestiaux.	Bœufs, vaches, taureaux, chevaux, mulets, bêtes de trait.	0,07	0,03	0,10
	Veaux et porcs.	0,025	0,015	0,04
	Moutons, brebis, agneaux, chèvres.	0,01	0,01	0,02
Par tonne et par kilomètre.				
Poissons.	Huîtres et poissons frais, à la vitesse des voyageurs.	0,30	0,20	0,50
Marchandises.	1re CLASSE.—Fontes moulées, fer et plomb ouvrés, cuivre et autres métaux ouvrés ou non ; vinaigres, vins, boissons, spiritueux, huiles ; cotons et autres lainages ; bois de menuiserie, de teinture et autres bois exotiques ; sucre, cafés, drogues, épiceries, denrées coloniales et objets manufacturés.	0,10	0,08	0,18
	2e CLASSE.—Blés, grains, farine, sels, chaux et plâtre, minerais, coke, charbon de bois, bois à brûler (dit *de corde*); perches, chevrons, planches, madriers, bois de charpente, marbre en bloc, pierre de taille, bitume, fonte brute, fer en barres ou en feuilles : plomb en saumons.	0,09	0,07	0,16
	3e CLASSE. — Pierre à chaux et à plâtre, moellons, meulières, cailloux, sable, argile, tuiles, briques, ardoises, pavés et matériaux de toute espèce pour la construction et la réparation des routes.	0,08	0,06	0,14
	Houille, marne, fumier, engrais et cendres.	0,06	0,04	0,10
Objets divers.	Wagon, chariot ou autre voiture destinée au transport sur le chemin de fer, y passant à vide, et machine locomotive ne traînant pas de convoi.	0,15	0,10	0,25
	Tout wagon, chariot ou voiture dont le chargement en voyageurs ou en marchandises ne comportera pas un péage au moins égal à celui qui serait perçu sur ces mêmes voitures à vide, sera considéré et taxé comme étant à vide.			
	Les machines locomotives seront considérées et taxées comme ne remorquant pas de convoi, lorsque le convoi remorqué, soit en voyageurs, soit en marchandises, ne comportera pas un péage au moins égal à celui qui serait perçu sur une machine locomotive avec son allége, marchant sans rien traîner.			

TARIF. — *Par pièce et par kilomètre.*	PRIX.		
	de péage.	de transport.	TOTAL.
	fr. c.	fr. c.	fr. c.
Voiture à deux ou quatre roues, à un fond et à une seule banquette dans l'intérieur.	0.15	0,10	0,25
Voiture à quatre roues et à deux fonds, et à deux banquettes dans l'intérieur.	0,18	0,14	0,32
(Le tarif sera double si le transport a lieu à la vitesse des voyageurs. Dans ce cas, deux personnes pourront, sans supplément de tarif, voyager dans les voitures à une banquette, et trois dans les voitures à deux banquettes. Les voyageurs excédant ce nombre paieront le prix des places de deuxième classe.)			

CHEMIN DE FER

DE

VALENCIENNES A MÉZIÈRES

AVEC

EMBRANCHEMENT SUR CAMBRAI.

APPRÉCIATION SOMMAIRE DES PRODUITS.

TABLEAU N° 1.

HOUILLE, COKE, CHARBON DE BOIS ET GROS FER.

MARCHANDISES transportées à des distances diverses.	QUANTITÉ en tonnes.	PARCOURS en kilomèt.	TONNES multipliées par les kilomètres.	PRIX par kilo-mètres	PRODUITS en francs.
Houille.	165000	66	10,890,000	10 c.	1,089,000
Coke.	10000	90	900,000	16	144,000
Charbons de bois. . .	4000	55	220,000	16	35,200
Fers et fonte.	45000	80	3,600,000	16	576,000
				Total. . .	1,844,200

OBSERVATIONS.

Sans compter les nombreux établissements répandus dans tout le département du Nord, il existe dans les départements de l'Aisne et des Ardennes 48 forges et un grand nombre de hauts fourneaux et laminoirs qui consommeront des quantités considérables de houille aussitôt qu'il leur sera possible de substituer ce combustible aux charbons de bois dont l'emploi devient onéreux par l'augmentation toujours croissante du prix des bois.

Jusqu'ici toutes les houilles nécessaires aux forges et manufactures de l'Aisne et des Ardennes sont tirées de la Belgique qui peut les expédier par eau, tandis que celles de France, qui n'ont d'autre moyen de transport que les voitures, ne peuvent soutenir la concurrence.

Un des résultats principaux de l'établissement du chemin de fer sera d'ouvrir une voie prompte et économique aux charbons de terre du bassin de Valenciennes.

Les houilles d'Anzin, de Denain, de Douchy et d'Aniche pourront être distribuées à bas prix dans les vallées de la Selle, de la Sambre, du Ton, de l'Oise, du Gland, de la Sormonne et de la Meuse. Elles ne coûteront, rendues à l'extrémité de la ligne, que 25 francs, tandis que les houilles de Belgique remontant par la Meuse coûtent aujourd'hui, prix moyen, de 36 à 42 francs la tonne.

Notre chiffre de la consommation présumable est évidemment au-dessous du vrai si l'on considère surtout qu'une partie notable des houilles de Valenciennes servira à l'alimentation de nombreuses usines et fabriques, ainsi qu'au chauffage domestique.

Relativement au coke, au charbon de bois, aux fers et fontes, la nature et la variété des produits fabriqués dans ces départements justifient que nos appréciations sont encore modérées.

TABLEAU N 2.

CENDRES PYRITEUSES.

MARCHANDISES. transportées à diverses distances.	QUANTITÉ en tonnes.	PARCOURS en kilomèt. (moyen).	TONNES multipliées par les kilomètres.	PRIX par kilo-mètre.	PRODUITS en francs.
Cendres pyriteuses. . .	60000	45	2,700,000	10 c.	270,000

OBSERVATIONS.

Aussitôt que le chemin de fer sera établi, les frais de transport diminueront des deux tiers. Ainsi les cendres pyriteuses qui coûtent prises sur les lieux d'extraction 42 c., l'hectolitre se vendent à Etreux premier lieu de dépôt 1 fr. 20 c.; pourront être livrées à Etréaupont à 1 fr. 50 c.; à Hirson 1 fr. 70 c.; à Rimogne 2 fr. 30; tandis qu'elles se vendent aujourd'hui, en moyenne réduite par les charriages à toute distance dans les arrondissements de Rocroy, Réthel et Mézières, de 6 à 7 francs l'hectolitre.

La facilité offerte par le chemin permettra d'établir sur la ligne des dépôts où viendront s'approvisionner les cultivateurs de ces contrées.

LEAU N° 5.

ARDOISES.

INDICATION DES LIEUX DE DÉPOTS.	quantité en tonnes.	parcours moyen en kilom.	tonnes à un kilom.	PRIX par kilom.	PRODUIT.
Mézières, Valenciennes. . . . Cambrai et les stations inter-médiaires de la ligne. . . .	50,000	77	3,850,000	0,14	539,000

OBSERVATIONS.

La production des ardoises qui s'extraient et se fabriquent aux fosses de Rimogne, Fumay, Deville et autres ardoisières du plateau de Rocroy, s'élève à 800 milliers par jour ; nous admettons que le tiers de cette quantité se consomme dans les environs, ou s'exporte dans une direction opposée à la ligne projetée : c'est donc 540,000 ardoises, nombre rond, qui prendront chaque jour les routes de Mézières, Saint-Quentin, Amiens, Beauvais, Cambrai, Valenciennes, Lille et autres villes du littoral de la Manche entre Dunkerque et le Havre.

Une partie de ces ardoises pourra pénétrer jusqu'à Paris, en prenant à Etreux la voie du canal de la Sambre à l'Oise ; il y aura même un avantage notable dans le prix auquel pourront être livrées ces ardoises à Paris. — En effet, le millier d'ardoises d'Angers coûte à Paris au bassin de la Villette, prix moyen réduit sur toutes les espèces, 44 francs ; il sera possible de faire arriver de Rimogne jusqu'à Paris par la voie que nous indiquons, des ardoises de première qualité au prix de 25 à 26 fr. Puisqu'aux fosses du plateau de Rocroy ces ardoises se vendent 18 fr. le millier.

Le frêt de Rimogne jusqu'à Etreux sera de 3 fr. 30 c. à 3 fr. 50 c. ; la main-d'œuvre pour déchargement des wagons et chargement à bord des bateaux à Etreux coûtera 30 à 40 c. le millier, et le fret d'Etreux à Paris sera par millier de 4 fr.

En tout 26 fr. environ ; ce qui permet d'offrir au commerce les ardoises à un prix moins élevé que celui que l'on paie aujourd'hui à la Villette.

Il est évident que si, par la nouvelle voie de communication, Paris éprouve une réduction d'environ 18 fr. sur le prix de chaque millier d'ardoises, la même diminution sera proportionnelle et profitera aux autres villes et aux localités intermédiaires, eu égard à la distance qui les sépare des centres de production.

Dans notre tableau des produits ardoisiers nous avons supposé seulement par année 280 jours de viabilité et de mouvement ; mais il n'y a pas à douter que peu d'années après l'ouverture du chemin de fer, le trafic sur les ardoises ne soit doublé par le développement des exploitations actuelles et l'ouverture de fosses nouvelles qui seront desservies en quelque sorte à pied-d'œuvre.

TABLEAU N° 4.

MARCHANDISES DIVERSES ET TRANSPORTS ACCESSOIRES.

MARCHANDISES. transportées à diverses distances.	QUANTITÉ en tonnes.	PARCOURS moyen en kilomètres.	TONNES à un kilomètre.	PRIX moyen du kilom.	PRODUITS en francs.
Marchandises diverses. .	195000	104	20,280,000	16 c.	3,244,800
Transports accessoires.					Mémoire

OBSERVATIONS.

Nous comprenons sous le titre de marchandises diverses, toutes les matières susceptibles d'être transportées depuis le littoral de la Manche, jusque dans les départements de l'est de la France, au delà *et vice versâ*, telles que denrées coloniales, drogueries, bois de teinture, cotons, laines, importations de l'Amérique et de l'Angleterre, des Indes, de la Russie, de la Suède et de la Norwége. — Les matières nécessaires à la fabrication des verres et cristaux, les bois de sapin du Nord et des Pyrénées, les savons verts et blancs de Lille et de Saint-Quentin, les tissus de lin et de coton de Rouen, Amiens, Saint-Quentin et autres villes manufacturières. — Les vins, eaux-de-vie, spiritueux et vinaigres. — Les sels de la Meurthe, les poteries de terre et de fer des départements de l'est, les huiles des départements du Nord, de la Somme et du Pas-de-Calais. — Les sucres indigènes, les trois-six et liqueurs résultant de la distillation. — Les grains pour la fabrication de la bière. — Les farines et aliments de toute nature. — Les produits en osier et en vannerie des vallées du Ton et de l'Oise. — Les verres, bouteilles et cristaux provenant des manufactures de Quincangrogne, Montplaisir et Trélon. — Les draps et autres articles de Sedan, Réthel et Reims. — Les laines brutes, peignées et filées. — Les bois façonnés d'Hirson ; les écorces de tan, bois en grume et débités des autres forêts. — La papeterie de Signy-le-Petit, de Bossus, de Rumigny et de Guise. — Les marbres, pierres de taille, chaux, briques, carreaux et poteries qui abondent sur la ligne. — Les minerais des Ardennes.

Nous avons compris dans cette énumération, le mouvement de transports qui s'opère sur l'embranchement de Cambrai.

TABLEAU N 5.

VOYAGEURS,

VOITURES ACTUELLES.	NOMBRE de voitures.	NOMBRE		PARCOURS en kilomèt.	NOMBRE de kilomètres parcourus.
		de places.	de voyageurs aller et retour.		
Valenciennes à Mézières, passant par Avesnes	1	9	48	160	2880
Valenciennes à Solesmes.	1	12	24	24	576
Id. au Cateau	2	26	52	34	1768
Id. à Cambrai.	2	9	36	33	1188
Id. à St-Quentin, passant par Cambrai.	2	12	48	33	1584
Cambrai au Cateau.	2	12	48	42	2016
Cateau à Etreux	2	4	16	18	288
Étreux à Étréaupont	1	6	12	23	276
Étréaupont à Hirson.	1	6	12	12	144
Tromblois, de Givet et Rocroy, allant à Charleville et Mézières.	1	16	32	12	384
			298		11104
En doublant ce nombre.			298		11104
On trouve			596		22208
Il convient d'ajouter le cinquième de 50,000 ouvriers susceptibles de prendre la voie de fer, ce qui nous donne par jour.			28	8	224
			624		22432
En multipliant le nombre des voyageurs et des kilomètres par 365 jours, on obtient, pour les voyageurs.			227760		
et pour les kilomètres					8187680

Pour connaître le produit en francs, il faut multiplier le nombre des kil. par 8 c., prix moyen du Tarif des Voyageurs, ce qui donne 655,014 fr.

OBSERVATIONS.

Si nous avons porté les voitures publiques au complet, d'après les nombres déclarés à la régie, nous n'avons pas fait figurer les nombreux Voyageurs qui se servent de voitures particulières ou de voitures de louage et qui prendront nécessairement la voie de fer; cette réserve prouve, qu'à l'égard du mouvement des voyageurs, nos appréciations sont encore modérées.

La population des contrées traversées par le chemin de fer et mises en rapport direct avec lui, est des plus importantes; en effet, les départements du Nord, de l'Aisne, des Ardennes, de la Somme, du Pas-de-Calais, de la Marne, de la Meuse, de la Meurthe, de la Moselle, du Haut-Rhin, du Bas-Rhin et des Vosges, s'élèvent à plus de huit millions d'habitants; si nous ajoutons à cela les populations belges qui se serviront de notre rail-way, nous pouvons assurer que d'ici à peu d'années la circulation des Voyageurs sera plus que doublée.

RÉCAPITULATION DES PRODUITS DU CHEMIN DE FER.

1ᵉʳ Tableau. Houille, coke, charbons de bois, fers et
fontes bruts. . . . . 1,844,200 f. »
2ᵉ Tableau. Cendres pyriteuses. . . . . 270,000 »
3ᵉ Tableau. Ardoises. . . . . 539,000 »
4ᵉ Tableau. Marchandises diverses. . . . . . . 3,244,800 »
5ᵉ Tableau. Voyageurs. . . . . 655,014 »
　　　　TOTAL de la recette brute. . . . . 6,553,014 »

RÉSUMÉ.

D'après les devis et détails estimatifs qui précèdent, la dépense totale pour l'établissement de la ligne principale du chemin de fer de Valenciennes à Mézières, et de l'embranchement sur Cambrai, s'élèvera à 39,650,000 fr., que nous porterons à 40,000,000 fr., nombre rond.

Il résulte de la récapitulation des transports de toute nature que la recette brute donnera un produit annuel de. . . . . 6,553,014 f. 00
　　Dont il convient de soustraire :
　　1° L'intérêt de quarante millions,
capital engagé à raison de 4 p. 0/0.　1,600,000 f. 00 c·
　　2° Pour amortissement 1 p. 0/0. .　400,000　00
　　3° Les frais de traction, adminis-　　　　　　　　　　4,621,205　60
tration, et autres évalués à 40 p. 0/0
de la recette brute. . . . . . 2,621,205　60

　　　　Reste comme produit net. . . . 1,931,808　40

Ce qui, pour un capital de quarante millions, donne un bénéfice annuel de. . . . . 4 f. 83 c. 0/0
en sus de l'intérêt prélevé à raison de . 4   »   0/0

Soit. . . . 8 f. 83   0/0 du capital engagé.

La modération que nous avons apportée dans l'appréciation des produits, dont nous avons négligé quelques éléments accessoires, nous donne
la conviction que la recette du chemin sera plus considérable que celle
que nous avons indiquée ; la haute capacité et l'expérience pratique de
M. Lefort, ingénieur, doivent rassurer tout le monde sur la sincérité et
l'exactitude de ses évaluations de la dépense. C'est donc avec confiance
que nous proposons l'exécution d'un chemin de fer dont l'utilité est in-
contestable, et dont les bénéfices certains offrent aux capitaux un bon
et utile placement.

A. C. et B. P.

Paris, le 20 août 1846.

[illegible]
[illegible]
[illegible]
[illegible]
[illegible]
[illegible]
[illegible]

40